CHILDREN'S BOOKS IN EASY SPANISH
Volume 1

PINOCHO

SPANISH READER FOR KIDS OF ALL AGES!
Intermediate Level

Selected and translated by:
Álvaro Parra Pinto

Edited by
Alejandro Parra Pinto

**Ediciones
De La Parra**

EDICIONES DE LA PARRA
Caracas, Venezuela 2014

CHILDREN'S BOOKS IN EASY SPANISH
Volume 1

Pinocho

Intermediate Level

This volume was written in simple, easy Spanish for elementary-level students. Fun and easy to read, the text was edited and simplified to increase language comprehension and ease reading practice with simple wording, short sentences, and moderate, elementary-level vocabulary

CONTENIDO

UN CURIOSO TROZO DE MADERA

HABÍA UNA VEZ, hace muchos, muchos años, un viejo carpintero llamado Gepetto que vivía en un pequeño pueblo de Italia.

Gepetto era viudo y nunca tuvo hijos. A él le gustaban mucho los niños y él siempre quiso tener un hijo. Pero nunca pudo tener uno.

A Gepetto le gustaba hacer juguetes de madera para los niños. Fabricaba muñecos, trompos, yo-yos, caballitos, trenes, rompecabezas, pelotas y otros juegos de madera.

A los niños del pueblo les gustaban mucho sus juguetes y siempre lo visitaban.

1

Y aunque Gepetto era un buen carpintero, él era muy pobre.

Él vivía en una pequeña casa que era muy vieja y estaba en muy mal estado.

Un día Gepetto caminaba por el campo. Él buscaba madera para reparar una mesa de su casa.

De pronto, él vio un tronco de buen tamaño a un lado del camino.

—¡Ay, que buen pedazo de madera! —exclamó Gepetto muy alegre—. ¡Me servirá para arreglar la pata de mi mesa!

Gepetto se llevó el trozo de madera para su casa y lo colocó en su taller de carpintería.

Esa noche Gepetto se acostó pensativo. Él se sentía muy solo y deseaba tener un hijo.

—¡Cómo deseo tener un hijo! —pidió con mucha fe y se quedó dormido.

Entonces apareció el Hada Azul…

Y como el Hada Azul era un hada buena, le dio vida al trozo de madera para que Gepetto no se sintiera tan solo.

* * *

Al día siguiente, luego de desayunar, Gepetto entró a su taller para trabajar en su pedazo de madera. Allí tenía todos los instrumentos para la carpintería. Tenía diferentes tipos de cuchillos, sierras, serruchos, martillos, destornilladores, alicates, cepillos y lijas con las que trabajaba la madera.

Él viejito agarró un cuchillo para quitarle la corteza al palo. Pero cuando le dio el primer golpe, oyó una pequeña voz que le dijo:

—¡Cuidado! ¡Por favor, no me hagas daño!

La vocecita apenas se oía, pero Gepetto se quedó muy sorprendido al escucharla.

Miró hacia todos lados y no vio a nadie.

—¿De dónde saldría esa voz? —se preguntó el viejo carpintero rascándose la cabeza.

Entonces levantó su cuchillo una vez más y se llevó una enorme sorpresa.

—¡Cuidado con ese cuchillo, por favor! —repitió la vocecita—¡No me vayas a hacer daño!

Gepetto buscó por todo el taller y en el armario. También se asomó por la ventana para ver de dónde salía esa voz. Y como no encontró nada, siguió con su trabajo.

—¿Será mi imaginación? —se preguntó preocupado.

El viejo agarró el cepillo y pulió el trozo de madera. Entonces escuchó una fuerte y divertida risa y la misma voz que le decía:

—¡Jajaja, me estás haciendo cosquillas!

—¿Quién habla? —preguntó Gepetto asustado.

El trozo de madera respondió:

—Soy yo, el pedazo de madera que tienes en tus manos.

—¡Por Dios! ¿Cómo es posible?

—Píntame una boca y te contestaré.

El viejecito, apresurado, le pintó una pequeña boca al tronco.

Apenas terminó de pintarla, la boca cobró vida.

—¡Yo soy Pinocho! —habló el trozo de madera con una voz más fuerte y potente.

—¡Tú puedes hablar! ¿Cómo es posible?

—Sí, yo puedo hablar. Y me llamo Pinocho porque vengo de un viejo árbol de pino.

—¿Pero cómo es posible que puedas hablar? —preguntó el viejo.

—¡Yo no lo sé! ¡Sólo sé que soy muy pequeño y que tú debes tratarme con cuidado!—contestó el trozo de madera.

—¡Pero yo quería usarte para reparar mi mesa!

—¿Yo? ¿Parte de una mesa?

—Sí —dijo Gepetto—, pero como hablas más bien haré un lindo muñeco contigo.

—¡Ay qué bueno! ¡Así voy a poder moverme como un niño de verdad! —dijo Pinocho.

—¡Sí, vas a poder cantar y bailar!¡Y juntos vamos a poder viajar, montar un espectáculo y ganar mucho dinero!

—¡Ay sí! ¡Vamos a recorrer el mundo!

PINOCHO COBRA VIDA

GEPETTO EMPEZÓ AHACER el muñeco. Él tuvo el mayor cuidado posible para no lastimar al tronco viviente.

—¡Ay, vas a ser un muñequito muy bonito! —dijo Gepetto muy alegre— ¡Serás como un hijito para mí!

Cuando el viejito le pintó los ojos, se dio cuenta de que con estos, el muñeco veía fijamente todos sus movimientos.

Después le hizo la nariz. Ésta, por alguna clase de magia, empezó a crecer. Gepetto se la trató de recortar pero, mientras más la cortaba, más le crecía.

Y cuando hizo los brazos y las manos, éstos empezaron a moverse. ¡Igual sucedió con las piernas!

Al principio, Pinocho se movía con torpeza. Pero pronto aprendió a moverse con mayor rapidez. El muñeco hablaba, cantaba y reía.

¡Gepetto estaba muy contento con su creación!

Pero el muñeco pronto demostró ser muy travieso.

Apenas Gepetto terminó de construirlo, Pinocho empezó a brincar por todos lados.

—¡Quédate quieto, Pinocho! —dijo el viejo.

Y Pinocho corría y brincaba como un loco por toda la casa.

—¡Tranquilízate Pinocho! —gritaba Gepetto.

De pronto, Pinocho vio la puerta que daba a la calle. Estaba abierta.

Dando un gran salto, Pinocho cruzó la puerta y salió a la calle.

El pobre Gepetto trató de perseguirlo. Pero Pinocho corría muy rápido y pronto dejó atrás al pobre viejo.

—¡Agarren a ese muñeco! —gritaba Gepetto.

Pero la gente que andaba por allí, se quedaban sorprendidos al ver al muñeco corriendo por la calle.

Nadie ayudó a Gepetto a agarrar a Pinocho.

Un policía que andaba por el lugar, vio la escena y decidió intervenir. Él se atravesó delante de Pinocho y le cortó el paso.

El muñeco trató de pasar por un lado del policía pero no pudo. El policía lo agarró rápidamente por la nariz y se lo entregó a Gepetto.

—Tome señor —le dijo el policía.

—¡Muchas gracias señor policía!—exclamó Gepetto agarrando a su muñeco.

Gepetto estaba tan furioso que agarró al Pinocho por el cuello.

—¡Estúpido muñeco, te castigaré al llegar a la casa! —dijo el viejo.

Pinocho se asustó mucho y se tiró al suelo. No quiso volverse a parar.

—¡Ay papá, no me pegues! —dijo Pinocho.

—¡Levántate muñeco estúpido! —gritaba el viejo, lleno de rabia.

Pero la gente que andaba por allí se acercó a la escena. Todos empezaron a opinar cosas a favor de Pinocho.

—¡Pobre muñeco! ¡No lo maltrates! —decían algunos.

—¡Déjalo en paz! —decían otros

—¡Ese viejo malvado seguro le va a hacer daño!

La presión de la gente fue muy grande. Al policía no le quedó otra cosa que dejar libre a Pinocho y llevarse preso a Gepetto.

PINOCHO CONOCE A PEPE GRILLO

A GEPETTO SE LO LLEVARON a la prisión del pueblo. Pero a Pinocho no le importó. Se sintió libre y se fue muy contento a correr por los campos y jardines de los alrededores.

Después de varias horas de pura diversión, Pinocho regresó a su casa.

Regresó muy cansado y, al entrar en su casa, se encontró con un grillo que estaba parado cerca de la puerta.

—¡Hola, Pinocho! —le dijo el grillo.

—¿Quién habla? —preguntó Pinocho sorprendido al escuchar la pequeña voz.

—¡Soy yo, Pepe Grillo!

—¡Pero tú sólo eres un insecto! ¿Cómo es posible que puedas hablar?

—Bueno, tú sólo eres un muñeco y también hablas, ¿no? —contestó el grillo riendo.

—¿Por qué quieres hablar conmigo, grillo? —le preguntó Pinocho.

—¡Porque el Hada Azul me envió para aconsejarte!

—¿El Hada Azul?

—Sí, el Hada Azul. Ella es una señora muy buena.

—¡Yo no conozco a esa señora!

—Pero ella sí te conoce a ti. Y te mandó un mensaje.

—¿Un mensaje?¿Qué mensaje, grillo?

—¡Ella quiere decirte que te has portado muy mal con tu padre, Pinocho! ¡Él te quiere mucho! ¡Y tú debes tratarlo mejor!

—¡No te metas en mis asuntos, grillo! Yo mañana me iré de esta casa para siempre. ¡Me voy a recorrer el mundo! Si me quedo, mi papá me va a mandar a la escuela y eso no me gusta… ¡Por eso me iré!

—¡Pero debes estudiar, Pinocho! ¡Si no estudias, cuando seas grande vas a ser un burro!

—¡Cállate, grillo! ¡Eso no va a pasar! ¡Yo jamás seré un burro!

—¡Si sigues por el mismo camino te va a ir muy mal! ¡Ya lo verás!

—¡No me importa, grillo!

—Bueno, ¿qué más puede esperarse de un tonto muñeco que sólo tiene madera y aserrín en la cabeza? —dijo el grillo en tono burlón.

Entonces Pinocho, lleno de rabia, agarró un martillo de madera que había sobre la mesa y se lo tiró al grillo.

El martillo calló cerca de Pepe Grillo y lo asustó. De un brinco el grillo se escondió y esa noche Pinocho no lo vio más.

Al quedarse solo, Pinocho se sentó cerca de la chimenea para calentarse un poco y se quedó profundamente dormido.

Mientras dormía, Pinocho acercó sus pies al fuego. Y cuando estos entraron en contacto con las brasas ardientes, sus pies se quemaron por completo.

¡El pobre muñeco estaba tan profundamente dormido que no se dio cuenta de nada!

A la mañana siguiente llamaron a la puerta de la casa.

El ruido de la puerta despertó a Pinocho.

—¿Quién es? —preguntó el muñeco.

—¡Soy yo, Gepetto!

En ese momento Pinocho quiso levantarse para abrirle la puerta a Gepetto pero no pudo. Entonces se dio cuenta de que tenía los pies completamente quemados.

—¿Me puedes abrir? —gritó Gepetto.

—¡No puedo! —contestó el muñeco llorando.

—¿Por qué?

—¡Porque se me quemaron los pies!

—¡No te creo! —dijo Gepetto, creyendo que Pinocho le mentía y se quería burlar de él.

Entonces Gepetto subió por una ventana y se metió a la casa.

Cuando el viejo vio lo que le había sucedido al pobre Pinocho, se sintió muy triste. Entonces lo levanto del piso y lo abrazó.

—¡Hay hijito mío! ¿Cómo te quemaste los pies?

—No lo sé, papá, anoche llegue muy cansado y me quedé dormido cerca de la chimenea.

—¡Ay, Pinocho! ¡Te quemaste los pies con el fuego de la chimenea! Tendré que hacerte otros pies. ¡Pero sólo si me prometes que te portarás bien y que irás a la escuela!

—¡Sí, papá! ¡Te prometo que me portaré bien! —dijo Pinocho—. ¡Iré a la escuela y estudiaré mucho!

Gepetto le hizo unos nuevos pies al muñeco y cuando finalmente se los colocó, Pinocho brincó de alegría y prometió que se portaría bien y que jamás dejaría de ir a la escuela.

PINOCHO EN EL TEATRO DE MUÑECOS

AL DÍA SIGUIENTE GEPETTO se levantó muy temprano para llevar a Pinocho a la escuela.

—¡Despierta, hijo! ¡Ya es hora de ir a la escuela! —le dijo Gepetto, contento, despertando al muñeco.

Pinocho de un salto salió de la cama y muy alegre, tomó su cuaderno y caminó hacia la escuela.

Cuando iba a mitad de camino, Pinocho escuchó una música a lo lejos que llamó su atención. Aquella música lo llenó de curiosidad

—¿Y esa música tan linda? —se preguntó—. ¿De dónde vendrá?

Olvidándose de la escuela, el pequeño muñeco caminó hasta el lugar de donde venía esa música. Era una pequeña plaza junto al mar. Allí había una multitud de gente agrupada en torno a una enorme carpa.

—¿Qué es eso? —le preguntó Pinocho a un niño que estaba allí.

—Lee el cartel —le respondió el niño.

—¡Es que no se leer! —dijo Pinocho.

—¡No puedo creer que no sepas leer! Bueno, allí dice: "Gran Teatro de Muñecos"

—¡Ay, yo quiero ver esos muñecos! —gritó Pinocho, entusiasmado—. ¿Cómo hago para verlos?

Tienes que pagar una entrada para poderlo ver —le explicó el niño.

—¿Y cuánto cuesta la entrada?

—Cuesta veinte centavos.

—¿Y tú me puedes dar esos veinte centavos?

—¿Qué dices? —preguntó el niño. ¿Estás loco?

—¡Te daré este cuaderno nuevo! —le dijo Pinocho, mostrándoselo con una sonrisa. —¡Vale mucho más que veinte centavos!

—¡Yo no tengo dinero! ¡Si tuviera dinero ya hubiera entrado!

—¡Yo te compro el cuaderno! —dijo un comerciante que escuchaba la conversación, ofreciéndole los veinte centavos.

Con el dinero en la mano, Pinocho compró la entrada y entró a ver el espectáculo.

Sobre el escenario estaban unos muñecos. Todos cantaban y bailaban alegremente. Pero al ver a Pinocho entrando a la sala, los muñecos se detuvieron y exclamaron con asombro:

—¡Pinocho! ¡Miren, es Pinocho!

Todos los muñecos lo llamaron por su nombre con mucha alegría y Pinocho subió al escenario, en medio de los demás muñecos.

Cuando el público vio que el espectáculo había sido interrumpido todos protestaron.

—¡Que siga la función! —gritaban muchos de los presentes.

Pero los muñecos estaban tan contentos con la llegada de Pinocho, que no le hacían caso al público.

Entonces apareció el dueño del teatro. Se llamaba Strómboli y era un hombre muy grande, de fea apariencia y mal carácter. Su barba negra le llegaba hasta los pies.

—¡Qué pasa aquí! —gritó Strómboli—. ¿Por qué dejaron de cantar y bailar?

En un instante, todos los muñecos se quedaron mudos. No se oía el menor ruido.

—¡Y tú! ¿Por qué interrumpes mi función de teatro? —le preguntó Strómboli a Pinocho con rabia.

—¡Yo no hice nada! —dijo Pinocho, lleno de miedo— ¡Los muñecos me invitaron a subir al escenario! ¡Pensé que todo era parte del espectáculo!

El hombre, lleno de rabia por lo sucedido, agarró al pequeño Pinocho con una mano y lo colgó de un clavo en la pared.

—¡Cállate! ¡Después hablaremos! —dijo Strómboli—. ¡Por ahora que siga el espectáculo!

Cuando terminó la función, el hombre fue a hablar con Pinocho. Al verlo, el pequeño comenzó a temblar de miedo.

—¡Te vamos a lanzar al fuego para que te quemes! —le dijo el hombre, amenazante, bajándolo del clavo.

—¡Ay no! ¡Al fuego no! —gritó Pinocho y se puso a llorar—. ¡No quiero morir!

—¿Qué diría tu padre si te echo al fuego?

—¡Ay no! ¡Mi pobre padre! ¡Él se moriría de tristeza!

Tanto lloró el pobre muñeco, que el señor Strómboli se apiadó de él.

—¡Basta! ¡Deja ya de llorar! —le dijo el señor— ¡Está bien! No te lanzaré al fuego, pequeño. ¡Te perdono la vida!

Los muñecos se alegraron tanto que empezaron a cantar y bailar. Celebraron durante toda la noche, sin parar.

Al día siguiente el señor Strómboli se acercó a Pinocho y le preguntó:

—¿Tú con quien vives?

—Vivo con mi padre, señor —contestó Pinocho.

—¿Y cómo se llama tu padre?

—Mi padre se llama Gepetto, señor.

—¿Y en qué trabaja?

—Es carpintero, señor.

—¿Y cuánto dinero gana?

—Gana muy poco dinero, señor. Somos muy pobres…

Al oír esto, el señor Strómboli sacó cinco monedas de oro de su bolsillo y se las dio a Pinocho. En el fondo era un buen hombre.

—Toma Pinocho, llévaselas a tu padre.

Pinocho le dio mil gracias al señor Strómbolli y, después de despedirse de todos con mucho cariño, partió contento hacia su casa.

EL ZORRO Y EL GATO

PINOCHO CAMINABA CONTENTO hacia su casa cuando se cruzó en la calle con un zorro y un gato.

—¡Hola Pinocho! —saludó el zorro—. ¡Buenos días!

—Hola, buenos días —dijo Pinocho—. ¿Ustedes me conocen?

—¡Nosotros conocemos a tu padre! —exclamó el gato con una sonrisa.

—¿Ustedes conocen a mi padre? —preguntó Pinocho emocionado—Él es el mejor padre del mundo, ¿no lo creen? Se alegrará mucho cuando vea el regalo que le llevo…

—¿Cuál regalo? —le preguntó el Zorro levantando una ceja—. ¡Yo no veo ningún regalo!

—¡No lo ves porque lo llevo en un bolsillo! ¡Son cinco monedas de oro!

—¿Cinco monedas de oro? —preguntó el gato con brillo en sus ojos.

Pinocho sacó las cinco monedas de oro que le había regalado el señor Strómboli. El gato y el zorro se sonrieron e intercambiaron miradas al ver las monedas.

—¿Qué piensas hacer con esas monedas, chico? —preguntó el zorro.

—Como les dije, le regalaré las monedas a mi padre...

—Dime, chico, ¿no te gustaría tener cientos de monedas de oro? —le preguntó el gato a Pinocho.

—¿Cientos de monedas de oro? ¡Claro que me gustaría! —respondió Pinocho.

—Pues, nosotros podemos ayudarte a conseguirlas —dijo el zorro.

—¿Pero cómo?

—Ven con nosotros, chico —dijo el gato—. ¡Iremos al País de los Búhos!

—¿El País de los Búhos? ¡No! ¡No puedo! ¡Tengo que irme a casa! ¡Mi pobre papá me está esperando! ¡Debe de estar muy preocupado!

—Está bien, pequeño, ¡pero tú te lo pierdes! —dijo el zorro.

—¡Sí! ¡Te pierdes la oportunidad de hacer una gran fortuna! —agregó el gato— ¡Mañana mismo podrías tener mil monedas de oro!

—¿Mil monedas? ¿Mañana mismo? ¡No lo creo! —dijo Pinocho.

—¡Sí! ¡Seguro que sí! —exclamó el zorro—. ¡Nosotros lo hemos visto con nuestros propios ojos!

—¿Ustedes lo han visto? —preguntó el pobre muñeco—. ¡Entonces es cierto! ¿Y qué debo hacer?

—Pues te lo diré —dijo el zorro—. En el País de los Búhos hay un lugar muy mágico. Su magia es tan grande que si hoy vas y entierras una moneda, mañana mismo tendrás un árbol lleno de monedas de oro!

—¿Y si siembro mis cinco monedas de oro? —preguntó Pinocho.

—¡Pues entonces tendrás cinco árboles llenos de oro! —respondió el gato riendo.

—¡Qué maravilla! —exclamó Pinocho con alegría—. ¡Cuando tenga mis cinco árboles de monedas les regalaré una parte a ustedes!

—No te preocupes —dijo el gato, como si le ofendieran las palabras de Pinocho.

—¡Qué buenos son ustedes! —dijo Pinocho muy contento.

Partieron enseguida y al caer la noche, se detuvieron en la posada *"El Cangrejo Rojo"*. Allí cenaron los tres. ¡Pinocho no hacía más que soñar con el campo mágico! Como era tarde, los tres decidieron acostarse a dormir.

A media noche, el posadero despertó a Pinocho y le dijo que el zorro y el gato se habían ido y que lo esperarían al amanecer en el campo mágico.

Pinocho le dio una moneda de oro al posadero y se fue al lugar de la reunión. Pero cuando iba a mitad de camino dos ladrones lo asaltaron y trataron de quitarle las monedas de oro que le quedaban.

Por suerte, Pinocho se las metió en la boca y los ladrones no pudieron quitárselas. Pero colgaron al pobre muñeco de un árbol esperando que se muriera para quitarle las monedas.

La bella Hada Azul, que vivía en una casa cercana, vio a Pinocho colgado en el árbol y lo rescató.

El Hada Azul se lo llevó para su casa y mandó a llamar a los mejores médicos que había en la región.

Los médicos le dieron a Pinocho una medicina que lo hizo mejorar de inmediato. Y cuando Pinocho ya estaba curado, le contó al hada azul todo lo que le había sucedido.

—¿Dónde están las monedas, Pinocho? —le preguntó el Hada Azul.

—¡Me las quitaron! —dijo el muñeco, pero era mentira.

Entonces, al decir la mentira, le creció la nariz a Pinocho.

El hada empezó a reírse.

—¿Por qué te ríes? —preguntó Pinocho.

—Me rio por la mentira que dijiste y que te hizo crecer la nariz.

Con lo que dijo el hada, Pinocho se puso a llorar.

Ante el llanto del muñeco, el hada se compadeció y le quitó el hechizo que le hizo crecer la nariz.

Poco después, Pinocho se despidió del hada y regresó a la casa de Gepetto.

Cuando iba por el camino, Pinocho nuevamente se encontró con el zorro y el gato y les contó lo que había sucedido.

—¿Y qué pasó con tus monedas de oro? —le preguntó el zorro.

—Todavía tengo cuatro de ellas porque los ladrones pudieron quitármelas —respondió Pinocho.

—¡Pues entonces vamos a sembrarlas en el campo mágico! —exclamó el gato.

—No sé si deba, tengo que regresar a casa de mi papá.

—¡No seas tonto! Si hoy siembras tus monedas de oro, mañana mismo tendrás miles de monedas —insistió el zorro.

—Bueno está bien —dijo Pinocho—. Iré con ustedes.

Los tres se fueron al supuesto campo mágico. Y después de caminar durante varias horas, el zorro dijo:

—¡Ya estamos en el reino de los búhos! Aquí es el lugar. Entierra las monedas aquí y échales un poco de agua para que pronto nazca el arbolito.

Pinocho hizo lo que le dijo el zorro y luego preguntó:

—¿Y ahora qué hago?

—Nada, ahora vete y regresa mañana.

Pinocho se fue. Pero en vez de regresar a la ciudad, pasó la noche en un campo vecino.

Durante toda la noche, Pinocho no pudo dejar de pensar en los arbolitos de monedas y en todo el oro que se iba a ganar.

Poco antes del amanecer, Pinocho regresó al campo mágico muy emocionado. Pero al llegar no vio ningún árbol y, al excavar la tierra, no encontró rastro alguno de sus monedas. Y entonces, el pobre muñeco con suma tristeza comprendió que el zorro y el gato le habían timado.

EN BUSCA DE GEPETTO

TODAVÍA ERA MUY TEMPRANO, cuando Pinocho regresó a la casa de su papá y descubrió que no había nadie. ¡Gepetto no estaba!

—¿Dónde estará mi papá? —se preguntó Pinocho.

En ese momento apareció Pepe Grillo y al ver a Pinocho se le acercó y le dijo:

—Hola, Pinocho, ¿dónde estabas? ¡Tu papá estaba muy preocupado! ¡Ayer salió buscarte y nunca regresó!

—¡Ay, Pepe Grillo! ¡Yo me fui varios días sin decirle nada! ¡He sido un niño muy malo! ¡Pobre papá! Dime, grillo, ¿sabes dónde está él?

—Ayer Gepetto me dijo que como no te encontró en el pueblo, te iba a buscar en el mar.

—¡Entonces iré al mar a buscarlo! —dijo el muñeco, decidido.

Pinocho salió caminando rumbo al mar y cuando llegó a la playa, preguntó por Gepetto.

—¿Han visto a mi papá? —le preguntaba a todos.

—¿Tu papá se llama Gepetto? —le preguntó un pescador que estaba en su bote, a orillas del mar.

—Sí, mi papá se llama Gepetto. ¿Tú sabes dónde está él? —le preguntó Pinocho lleno de emoción.

—Pues, tu papá salió esta mañana en un pequeño bote hacia la isla del oeste…

—¿Dónde queda esa isla?

—Mira, pequeño, es hacia allá —contestó el señor, señalando un pequeño punto en la distancia del mar.

—¡Lo voy a ir a buscar! —gritó Pinocho con entusiasmo antes de lanzarse al mar y comenzar a nadar.

Como el muñeco era de madera, flotaba con facilidad y nadaba rápidamente. Estuvo nadando sin parar durante varias horas.

El día siguiente el pobre Pinocho ya estaba muy cansado cuando, de pronto, vio una isla. Entonces nadó hacia la playa y con mucha dificultad llegó hasta ella.

Al llegar a la isla, Pinocho se puso a buscar a Gepetto.

Después de recorrer el lugar, Pinocho llegó a un pequeño pueblo de pescadores en el otro extremo de la isla.

Estaba muy cansado y tenía mucha hambre y sed. Le pidió ayuda a varios pescadores, pero ninguno quiso ayudarle. Entonces vio a una viejita cargando dos jarrones de agua.

—¿Me podría dar un poco de agua, señora? —le preguntó desesperado por la sed.

—Toma toda la que quieras, pequeño —respondió la anciana.

Después de que Pinocho hubo saciado su sed, le preguntó:

—¿Y me podría dar algo de comer, señora?

—Si me ayudas con uno de los jarrones, te daré un rico pastel cuando lleguemos a mi casa —le respondió la dulce viejita.

Pinocho no pudo negarse a tan generosa propuesta y cargó uno de los jarrones hasta la casa de la anciana.

Los dos llegaron a la casa de la viejita y ella le dio al muñeco el pastel prometido. Pinocho se lo comió muy rápidamente ya que tenía mucha hambre.

Cuando Pinocho terminó de comer su pastel, miro a la viejita y, para su sorpresa, ella se transformó en la preciosa Hada Azul.

Al verla, Pinocho se contentó y le dijo:

—¡Ay, señora hada! ¡Qué bueno verla! ¡Ayúdeme por favor!¡Tengo un serio problema!

—¿Qué problema tienes, Pinocho? —le preguntó la hermosa hada.

—¡No encuentro a mi papá! ¡Ayúdeme a encontrarlo, por favor!

—Te ayudaré, pero sólo si prometes ser un niño bueno —le contestó el hada.

—Pero… ¡ya yo soy un niño bueno!

—No eres bueno, Pinocho. No me mientas. Los niños buenos son obedientes y siempre dicen la verdad. Además a ellos les gusta ir a la escuela.

—¡Ay, señora hada! ¡Tiene razón! ¡Le prometo que de ahora en adelante iré a la escuela y me portaré bien!

—Eso espero, Pinocho. Ahora quiero que me obedezcas. Regresa a tu casa y descansa. Yo buscaré a tu papá mientras tanto. ¡No olvides dormir temprano porque mañana irás a la escuela!

PINOCHO SE CONVIERTE EN BURRO

AL SIGUIENTE DÍA PINOCHO se despertó muy temprano y se fue a la escuela. Pero al verlo llegar, los demás niños se burlaron de él porque sólo era un muñeco.

Pinocho soñaba con ser un niño de verdad, al igual que el resto de sus compañeros de escuela. Al ser diferente todos le buscaban pelea. Y como Pinocho era de madera, no le dolían los golpes que le daban. Pero pronto los niños del colegio se cansaron de golpearlo y aprendieron a respetarlo.

Unos días después, cuando Pinocho iba camino a la escuela, se encontró con uno de sus compañeros en la calle.

Era Polilla, el niño más travieso de la escuela.

—¡Hola Pinocho!—lo saludó Polilla muy contento.

—Hola, Polilla, ¿cómo estás? —respondió Pinocho— ¿Qué haces? ¿Vas a la escuela?

—No, Pinocho, yo no pienso ir más a la escuela. Decidí irme de aquí, a un lugar muy lejano.

—¿Sí? ¿Y para dónde piensas ir, Polilla?

—¡Para el País de Los Juguetes!

—¿El País de los Juguetes?

—Sí, Pinocho. ¿Por qué no me acompañas?

—¿Y qué país es ese? —preguntó Pinocho.

—¡Es un país maravilloso, donde no hay escuelas y donde nunca hay que estudiar!¡Si quieres puedes venir conmigo!

—¡Pues yo no iré! —dijo Pinocho con firmeza—. ¡Prometí ir a la escuela y portarme bien!

—Bueno tú te lo pierdes. Si vienes no lo lamentarás. Allá no hay escuelas ni nadie que te regañe. Solo tienes que preocuparte por jugar… ¡Solo jugar!

—¿Estás seguro de que no hay escuelas en ese país?

—Sí, Pinocho. ¡Te aseguro que en ese país no hay escuelas! ¡Ahí podremos jugar y nada más que jugar! —respondió el travieso Polilla.

—Está bien, iré. Pero sólo iré a ver si lo que dices es verdad…

—¡No te arrepentirás!

Y así, en vez de ir a la escuela, ese día Pinocho se fue con Polilla al País de Los Juguetes.

Cuando finalmente llegaron, Pinocho vio con alegría, que había muchos niños y niñas jugando y divirtiéndose mucho. ¡Qué maravilla!¡Todos estaban muy contentos! ¡Pinocho se sentía feliz!

—¡Esto es maravilloso! —dijo Pinocho— ¡Y pensar que yo no quería venir!

—¡Te lo dije!—le contestó Polilla—. ¡Menos mal que me hiciste caso!

Pinocho y Polilla se quedaron en el País de Los Juguetes durante varios meses.

Los días pasaban rápidamente y los niños no se daban cuenta del pasar del tiempo. Pero un día, Pinocho se despertó y al verse en el espejo, se llevó una desagradable sorpresa:

¡Durante la noche le habían salido unas enormes orejas de burro!

Al ver esto, Pinocho se puso a llorar.

—¡Ay! ¿Qué me está pasando? —gritó desesperado.

Pinocho salió corriendo al jardín a buscar a su amigo Polilla. Pero al verlo se dio cuenta de que ¡también a Polilla le habían salido dos grandes orejas de burro!

—¿Qué nos está pasando? —le preguntó Pinocho.

—¡No lo sé, Pinocho! —respondió Polilla—. ¡Creo que es la fiebre del burro!

—¿La fiebre del burro? ¿Y qué es eso?

—¡Hace mucho tiempo mi abuelo me dijo que la fiebre del burro es una enfermedad que convierte en burro a los niños que no estudian!

—¡Qué raro! ¿Y tú por qué no me lo habías dicho antes?

—¡No lo sé, Pinocho! A mí me lo contó mi abuelo. Yo pensé que solo era un invento de él para meterme miedo y obligarme a estudiar!

—¡Ay Polilla! ¡Parece que tenemos la fiebre del burro! ¿Y ahora qué vamos a hacer?

—¡No lo sé, Pinocho! ¡Esto es horrible!

Al decir estas palabras, Pinocho y Polilla cayeron al suelo de rodillas. ¡Ya no podían estar de pie!

—¿Qué nos pasa? —preguntó Pinocho, asustado.

—¡No lo sé! —respondió Polilla sin poder levantarse.

En ese momento, los brazos y los pies de los dos chicos se convirtieron en patas de burros, con fuertes pesuñas.

Parados sobre sus cuatro patas, los dos amigos se pusieron a correr por todo el jardín mientras que sus rostros se transformaron en rostros de burro. Finalmente, les salieron colas de burro.

¡La transformación estaba completa!

¡Pinocho y su amigo Polilla se habían convertido en burros!

Ya los dos amigos no podían hablar más. ¡En vez de palabras de sus bocas sólo salían fuertes rebuznos!

Atraído por el ruido provocado por los dos burros, llegó el dueño del lugar y dijo con una gran sonrisa:

—¡Listo al fin! ¡Qué bien! ¡Su transformación ha sido completa!

Los dos amigos no pudieron contestar nada, sólo rebuznaban.

El dueño del lugar sonrió y los amarró:

—¡Ahora los llevaré al mercado de animales para venderlos!

Así, el dueño del lugar se llevó al mercado a los dos chicos convertidos en burros y los vendió.

Cada uno fue vendido a un comprador diferente.

EL BURRO PINOCHO

A POLILLA LO COMPRÓ UN SEÑOR para usarlo como animal de carga y a Pinocho lo compró un titiritero para enseñarle algunos trucos y hacerle bailar en su famoso teatro de títeres.

El nuevo dueño de Pinocho era un hombre muy gordo y muy malo. Siempre lo trataba con crueldad.

El primer día llevó a Pinocho a un corral y le dio un poco de paja para que comiera. Pero a Pinocho no le gustaba la paja. Por eso no quiso comer. Entonces el dueño tomó un palo y le pegó fuertemente por el lomo.

—¡Cómete eso, burro! —le gritó el gordo con dureza.

Pinocho no quiso comer.

—¡Que comas, dije! —le volvió a gritar el hombre, pegándole otra vez con el palo.

El cuerpo de Pinocho ya no era de madera. Aquel castigo le dolía mucho. Así que, después de varios golpes, el pobre Pinocho decidió comerse la paja.

Esa noche Pinocho se sintió muy triste. Pensaba en su papá Gepetto, en el Hada Azul y en lo mal que se había portado.

Solo en el corral y con una gran tristeza en el alma, el pobre pequeño finalmente se quedó dormido bajo la luz de la luna.

* * *

Al día siguiente, su nuevo dueño lo despertó con un fuerte golpe.

—¡A trabajar! —le gritó con el palo en la mano.

En pocos segundos el hombre amarró a Pinocho con una larga soga y se lo llevó al teatro de títeres.

Cuando llegaron al teatro, el dueño lo obligó a aprender a bailar y a realizar una serie de trucos para su espectáculo. ¡Durante tres largos meses Pinocho estuvo aprendiendo esos trucos!

Después de ese tiempo, llegó el día de la primera presentación de Pinocho como burro amaestrado.

Entonces se presentó ante el público y empezó a realizar los diversos trucos que le habían enseñado.

—¡Camina, burro! —ordenaba el entrenador.

Entonces Pinocho caminaba.

—¡Corre, burro!—decía el entrenador.

Entonces Pinocho corría.

En eso el entrenador sacó una pistola y disparó al aire.

Pinocho en el acto se echó en el piso y se hizo el muerto.

El público aplaudía con emoción ante los trucos del burro Pinocho. Y así, durante semanas continuó haciendo los trucos que se le habían enseñado.

Un día Pinocho realizaba el truco de saltar a través de un aro. Cuando saltó miró hacia el público y entre el público vio a la bella Hada Azul.

La sorpresa fue tan grande que Pinocho se enredó con el aro y se cayó al piso. Pero el golpe fue tan fuerte que le lastimó una de las patas. Con mucha dificultad, el pobre burro se levantó y, cojeando, fue llevado al corral.

Pinocho estaba lastimado. Ya no podía realizar más trucos para el teatro.

—¡Llévate a este burro al mercado y véndelo! —le dijo el dueño a uno de sus empleados.

Entonces el pobre Pinocho fue llevado al mercado. Ahí lo compró un señor que pertenecía a la banda musical del pueblo.

—¡Te voy a matar, burro!—le dijo el nuevo comprador mientras se llevó a Pinocho con una soga amarrada al cuello—. ¡Después te voy a quitar la piel y con ella repararé mi tambor!

Una hora después, llegaron a una playa solitaria. Entonces el hombre subió a Pinocho a una gran roca junto al mar.

—¡Te lanzaré al agua para que te ahogues, animal!—le gritó a Pinocho.

El hombre ató una enorme y pesada piedra al cuello del burro.

Entonces lo empujó al mar.

El pobre Pinocho se hundió rápidamente.

El peso de la piedra lo hundió hasta el fondo del mar.

Pinocho intentó escapar. Pero estaba amarrado a la piedra. No sabía qué hacer. Desesperado comenzó a llorar, lamentando su situación.

El Hada Azul escuchó su llanto y sintió lástima por su querido amiguito. Entonces le envió una enorme cantidad de peces. Estos nadaron de prisa y rodearon a Pinocho antes de comerse la piel de burro que él tenía sobre su cuerpo de madera, incluyendo la cola y las orejas.

¡Pinocho quedó libre de su aspecto de burro y volvió a ser el simpático muñeco que siempre había sido!

Cuando su nuevo dueño jaló de la soga, sacó del agua a Pinocho, quien lucía una gran sonrisa.

—¿Y quién eres tú? —le preguntó el hombre sorprendido.

—¡Yo soy Pinocho!

—¿Y qué pasó con mi burro?

—¡Yo era el burro! —dijo Pinocho quitándose la soga del cuello—. ¡Pero ahora soy Pinocho!

—¿Eras mi burro? ¿Pero cómo es posible? ¡Tú eres un muñeco de madera! —gritó el hombre enfurecido.

Entonces Pinocho le contó al hombre todo lo que le había sucedido.

—¿Y quién me devolverá el dinero que gasté en comprar el burro? —preguntó el hombre.

—La verdad no sé, señor.

—¡Ya verás lo que haré! ¡Te voy a vender en el mercado para que te utilicen como leña! ¡Así recuperaré lo que gasté en ti!

Al escuchar sus palabras, Pinocho dio un fuerte brinco y se lanzó al mar.

—¡Adiós señor! ¡Gracias por liberarme! —gritó Pinocho con tono burlón mientras nadaba rápidamente, rumbo al horizonte.

PINOCHO Y LA BALLENA GIGANTE

PINOCHO NADÓ EN EL MAR durante un largo rato.

Para él, nadar era muy fácil porque como era de madera simplemente flotaba.

Después de nadar durante varias horas, Pinocho sintió un gran estruendo detrás de él.

Cuando el muñeco volteó para ver lo que pasaba, vio con horror como de las agitadas aguas salía una enorme boca dispuesta a tragárselo.

¡Era una ballena gigante que se lo quería comer!

El monstruo se acercó a Pinocho y abrió la boca. El muñeco se asustó mucho y nadó lo más rápido que pudo. Pero la enorme ballena nadó más rápido, abriendo más la boca…. ¡y entonces se lo tragó por completo!

¡El pobre muñeco no pudo hacer nada para escapar de la gigantesca boca!

Cuando Pinocho llegó al enorme estómago de la ballena, se sintió muy confundido y desesperado. ¡El lugar era enorme! ¡Y él no podía ver nada porque estaba muy oscuro!

Con lágrimas en los ojos, Pinocho comenzó a caminar por el estómago de la ballena gigante. Como estaba muy oscuro y él no veía casi nada, a cada rato se tropezaba y caía. Además, el suelo estaba mojado y era muy resbaladizo.

Desesperado, el pobre muñeco lanzó al suelo y se echó a llorar. Y entonces, para su sorpresa, vio el resplandor de una pequeña luz a lo lejos.

¡Era una luz muy tenue que apenas se veía!

—¿Y esa luz? —se preguntó—. ¿Qué será?

Lleno de curiosidad, Pinocho caminó hacia la luz. Poco a poco se fue acercando a ella. La luz venía de un pequeño bote atrapado dentro de la gigantesca barriga de la ballena.

Al acercarse un poco más, Pinocho observó que la luz salía de una pequeña lámpara que estaba en el bote. ¡Y, para su sorpresa, también vio que sentado al lado de la lámpara estaba su papá, el viejo Gepetto!

Al verlo Pinocho sintió una gran alegría y salió corriendo hacia él.

—¡Papá! ¡Papá! —gritó con emoción mientras corría, feliz de encontrarse con el viejo carpintero.—. ¡Por fin te encontré!

—¡Debo estar soñando! ¿Realmente eres tú, hijo mío? —preguntó Gepetto muy sorprendido de encontrar a Pinocho en el estómago de la ballena gigante.

—¡Sí papá, soy yo, tu hijito Pinocho! —dijo llorando de alegría mientras lo abrazaba y le daba muchos besos.

—¿Qué haces aquí, Pinocho?—preguntó Gepetto sin salir de su asombro—. ¿Cómo llegaste?

Pinocho entonces le contó a Gepetto toda su historia. También le contó que había estado muy triste por no poder ver a su papá y que lo había estado buscando por todos lados.

—¡Qué increíble! ¡Por fin te encontré, papá! —dijo Pinocho—. ¡De ahora en adelante jamás me voy a separar de ti!

—¡Sí hijito mío, más nunca nos separaremos! —contesto el viejito abrazando a Pinocho.

—Dime, papá, ¿tú desde cuando estás aquí?

—¡Ay hijito mío! ¡Hace meses salí a buscarte en la isla del oeste y cuando iba a mitad de camino la ballena se tragó el barco en el que yo viajaba! Todos los marineros huyeron. Pero a mí no me dio tiempo. ¡Llevo tanto tiempo aquí que ya casi perdí la cuenta!

—¡No puede ser, papá! ¿Cómo es posible que lleves aquí tanto tiempo? ¿Cómo has hecho para sobrevivir durante tanto tiempo? —preguntó Pinocho sorprendido.

—La verdad es que ha sido muy difícil. Por suerte el barco traía mucha comida y otras cosas con las que me las arreglé durante todo este tiempo.

—¡Tuviste mucha suerte, papá!

— ¡Y tú también hijito mío! ¡Todavía me queda comida y también podemos pescar! ¡Aquí no tendremos problemas!

—¡No, papá! ¡Yo no pienso quedarme aquí! —dijo Pinocho con firmeza y valentía—. ¡Hoy mismo tenemos que escapar!

—¿Pero cómo vamos a escapar de aquí, Pinocho? ¡Es imposible!

—Si incendiamos el barco, papá, la ballena va a tener que toser. ¡Y entonces podremos salir y nadar de regreso a casa!

—¡Pero yo no sé nadar! —dijo Gepetto asustado.

—No te preocupes, papá. Yo soy de madera y puedo flotar bien. Tú solo agárrate de mí, que yo te llevaré nadando hasta la costa.

Entonces Pinocho tomó una caja de fósforos y encendió una fogata en el barco.

Cuando el fuego estuvo encendido, le lanzaron encima todos los objetos de madera que consiguieron, incluyendo dos remos, cuatro sillas y una mesa. No tardó mucho en formarse un gran incendio. Una columna de humo negro y espeso salía del fuego y entonces la ballena gigante comenzó a toser con gran fuerza. Y de este modo Pinocho y Gepetto salieron disparados al mar y quedaron libres…

—¡Agárrate de mí, papá! —grito Pinocho con todas sus fuerzas mientras cayeron al mar.

Gepetto se agarró de él con fuerza y Pinocho nadó con rapidez, llevando al viejo en el lomo.

Solamente cuando la ballena ya no se veía, Pinocho se detuvo a descansar un poco.

—¡Ay Pinocho! ¡Qué buena idea tuviste! ¡No puedo creer que logramos escaparnos de esa ballena, hijo mío!—dijo Gepetto muy contento.

—¡Sí papá! ¡Por suerte nos salvamos!

Ya era de noche y hacía mucho frío.

La costa no se veía por ningún lado.

—¡Tengo mucho frio, hijo!—dijo Geppeto montado sobre la espalda del muñeco, temblando de frío bajo la luz de la luna—. ¡Tenemos que llegar a la costa!

—¡No te preocupes, papá! ¡Pronto llegaremos!—le contestó Pinocho, animando al viejito. Pero al mirar a su alrededor la costa no se veía en ninguna parte.

Pinocho no sabía qué hacer. Pero no le dijo nada a Gepetto para no preocuparlo.

En ese momento se les acercó un gran atún.

—¡Hola! ¿Cómo están? —saludó el atún, amablemente.

—¡Con mucho frío! —contestó Gepetto soltando un estornudo.

—Queremos llegar a la costa —dijo Pinocho—, pero no conocemos el camino...

—¡No se preocupen! Yo los ayudaré a llegar a la costa. ¡Ustedes son mis salvadores!

—¿Nosotros? ¿Tus salvadores? —preguntó Pinocho sorprendido.

—¡Claro! Ustedes son mis salvadores porque yo también estaba dentro del estómago de la ballena gigante. Vi lo que hicieron para escapar y aproveché la tos de la ballena para salir de ese horrible lugar. ¡Con gusto los ayudaré a llegar a la orilla!

Y así, Pinocho y Gepetto se montaron sobre el lomo del gran atún y pronto llegaron a la orilla.

PINOCHO SE CONVIERTE EN NIÑO

CUANDO LLEGARON A LA PLAYA, Pinocho y Gepetto se despidieron de su nuevo amigo, el gran atún.

—¡Gracias por salvarnos, amigo! —le dijo Pinocho, muy contento.

—¡Gracias1 —dijo Gepetto estornudando.

—Gracias a ustedes por darme la oportunidad de escapar del estómago de esa horrible ballena. ¡Nunca olvidaré lo que hicieron por mí!

Después de despedirse, el gran atún se sumergió en el agua y desapareció. Pinocho y Gepetto estaban tan cansados que pronto se quedaron dormidos sobre la arena.

El día siguiente, Pinocho y Gepetto se despertaron bien temprano.

Gepetto se sentía enfermo y no paraba de estornudar. Con la ayuda de Pinocho, caminaron hasta un pequeño pueblo cerca de la playa.

Al entrar al pueblo, vieron a dos mendigos de aspecto miserable. Y cuando se acercaron, Pinocho vio que eran el zorro y el gato.

—¡Pinocho, amigo mío! —lo saludó el zorro con una gran sonrisa.

—¡Qué bueno verte, Pinocho!—dijo el gato—. ¿Nos regalas una moneda, amigo?

—¡Yo no soy amigo de ustedes! —contestó Pinocho con dureza—. ¡Y no les daré nada! ¡Si quieren dinero pónganse a trabajar!

La zorra y el gato insistieron. Pero Pinocho los ignoró.

Abrazando a su padre, el muñeco siguió caminando y después de atravesar varias calles llegaron a una hermosa casita pintada de azul.

—¡Esta casa es muy bonita!—dijo Pinocho—. Quizás su dueño pueda ayudarnos.

Enseguida tocó la puerta y una pequeña voz contestó desde adentro:

—¿Quién toca la puerta?

—¡Un pobre padre y su hijo que necesitan ayuda! —contestó Pinocho.

—¡Entren, la puerta está abierta! —dijo la vocecita.

Pinocho y Gepetto entraron pero no vieron a nadie.

—Qué raro, no hay nadie —comentó Gepetto estornudando.

—¿Entonces quién nos invitó a pasar?—preguntó Pinocho.

—¡Fui yo! —dijo la misma vocecita—. ¡Soy Pepe Grillo!

De un salto, el pequeño grillo apareció ante Pinocho y Gepetto.

—¡Ay Pepe Grillo! —dijo Pinocho emocionado—. ¡Qué feliz me siento de volver a verte!

—¿Feliz de verme? —contestó el grillo levantando una ceja—. ¡Pero si la última vez que nos vimos me lanzaste un martillo!

—Perdóname, Pepe Grillo, por favor. Yo estaba equivocado. Pero he cambiado mucho. ¿Verdad papá, que ahora soy un niño bueno?

—¡Si, hijo mío! ¡Claro que has cambiado mucho! ¡Ahora eres un niño bueno!

—¡Qué maravilla Pinocho! ¡Me alegra que ya no seas un niño malo! —dijo Pepe Grillo—. ¡Si es así, entonces sean bienvenidos a mi casa!

—¿Cómo es posible que tengas una casa tan bonita, Pepe Grillo? —le preguntó Pinocho.

—Esta casa me la regaló el Hada Azul.

—¿El Hada Azul?

—Sí, Pinocho. Como te dije, ella es un hada muy buena...

¿Y dónde está ella? —preguntó Pinocho emocionado.

—¡No lo sé! Me dijeron que está de viaje ...

—¿De viaje? ¿Y para dónde se fue de viaje?

—No lo sé... ¡Nadie lo sabe!

—¡Ay, qué mala suerte! —dijo Pinocho—. ¡Quería que el Hada Azul me viera ahora que yo soy un niño bueno!

* * *

Esa noche Pinocho y Geppeto llegaron a su casa con Pepe Grillo.

Gepetto se sentía tan mal que Pinocho le ayudó a acostarse en su cama.

—Mi papá está enfermo —le dijo Pinocho esa noche a Pepe Grillo—. ¡Tendré que buscar trabajo mientras se recupera!

El día siguiente, Pinocho consiguió trabajo en una granja vecina. También comenzó a fabricar cestas y canastas que vendía en el mercado. Con eso, ganaba suficiente dinero para él y su padre. Además, le quedaba algo de dinero que iba ahorrando para algún gasto futuro.

Un día Pepe Grillo le dijo a Pinocho:

—Me enteré que el Hada Azul está muy enferma.

—¿Qué dices Pepe Grillo? ¿Mí querida hada está enferma? ¿Y qué tiene? —preguntó Pinocho, conmovido por la noticia.

—Sólo sé que está muy enferma y que no tiene dinero para sus gastos médicos.

—¡No puede ser! ¡Mi pobre hada! ¡Yo puedo ayudar con un dinero que tengo ahorrado! ¡No es mucho pero espero que le sirva de algo! ¡Ojalá tuviera más, pero eso es todo lo que tengo!

Pinocho inmediatamente sacó todo el dinero que tenía guardado y se lo entregó al grillo.

—¡Toma, Pepe Grillo! ¡Esto es todo lo que tengo! ¡Mañana te daré más dinero!

—¡Muchas gracias Pinocho! ¡El Hada Azul te lo agradecerá!

Ese día Pinocho le dijo Gepetto que el hada estaba enferma y que, de ahora en adelante, trabajaría el doble para ayudarla.

—¡Qué bueno niño eres, Pinocho! —dijo Gepetto, feliz de ver tan cambiado a su hijo—. ¡Te felicito!.

Esa noche Pinocho se acostó a dormir muy cansado. Se quedó hasta muy tarde fabricando canastas para vender en el mercado y así poder ganar más dinero, para ayudar a su querida Hada Azul.

Mientras dormía, Pinocho soñó que el Hada Azul se le apareció y lo felicitó por ser un niño bueno.

—¡Mereces un premio maravilloso, Pinocho y yo te lo daré! —le dijo sonriente antes de darle un beso cariñoso.

En ese momento Pinocho se despertó y vio un fuerte resplandor de luz azul bañando todo su cuerpo. Ya era de mañana. La rara luz azul iluminó su habitación con un mágico resplandor durante unos segundos y luego desapareció.

* * *

Pinocho estaba muy extrañado.

Aquello parecía obra del Hada Azul.

Entonces se levantó de la cama y fue al baño a lavarse la cara.

¡Pero cuando se vio el espejo, se sorprendió muchísimo!

¡Ya no era un muñeco! ¡Pinocho se había convertido en un niño de verdad!

—¡Papá! ¡Papá! ¡Mira lo que me pasó durante la noche! —gritó Pinocho, corriendo hacia su padre muy contento—. ¡Me convertí en un niño de verdad!

Gepetto saltó de sorpresa al ver a Pinocho convertido en niño.

—¡Ay hijo! ¡Gracias a tus buenas acciones el Hada Azul te convirtió en un niño de verdad!

—¡Menos mal que ahora soy bueno, papá! ¡Y qué tonto fui cuando era un muñeco de madera y me portaba mal! ¡El Hada Azul me dio el mejor regalo del mundo! ¡Me siento muy feliz de ser un niño de verdad!

Fin.

ABOUT THE AUTHORs

ALEJANDRO PARRA PINTO is a Venezuelan journalist and graphic designer, born in Caracas (1963). He is the editorial manager of the South American publishing company EDICIONES DE LA PARRA and is co-author of the CHILDREN´S BOOKS IN EASY SPANISH SERIES.

AMAZON AUTHOR PAGE:
http://amazon.com/author/alejandroparrapinto

ÁLVARO PARRA PINTO is a literary author and journalist born in Caracas, Venezuela (1957). He is the editor of the South American publishing company EDICIONES DE LA PARRA and has published several of his books in Kindle format, including his bestselling series CHILDREN'S BOOKS IN EASY SPANISH. Especially designed for the intermediate language student, each volume of this series is written in simple, easy Spanish.

AMAZON AUTHOR PAGE:
http://amazon.com/author/alvaroparrapinto

Contact the Author:
ineasyspanish@gmail.com

Twitter Account:
@ineasyspanish

Published by: Ediciones De La Parra
http://www.edicionesdelaparra.com

Copyright © Alvaro Parra Pinto 2014
All Rights Reserved.

THANK YOU!

**Ediciones
De La Parra**

Thanks a lot for reading this book!

Our main goal is to help intermediate-level readers like you, by providing simple, selected readings in easy Spanish at low prices!

If you liked this product, please give us a minute and leave your review in Amazon:

PLEASE LEAVE YOUR REVIEW AT:

AND CHECK OUT THE REST OF THE VOLUMES OF THE SPANISH LITE SERIES!

FROM THE SAME AUTHORS

CHILDREN´S BOOKS IN EASY SPANISH SERIES

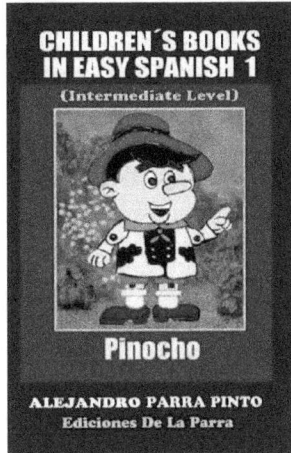

VOL. 1: PINOCHO

VOL. 2: JUANITO Y LAS HABICHUELAS MÁGICAS

VOL. 3: ALICIA EN EL PAÍS DE LAS MARAVILLAS

VOL. 4: PETER PAN

BAND 5: LA SIRENITA

VOL. 6: LA BELLA DURMIENTE

VOL. 7: BLANCANIEVES Y LOS SIETE ENANOS

VOL. 8: LA CENICIENTA

VOL. 9: EL LIBRO DE LA SELVA

VOL 10: EL JOROBADO DE NOTRE DAME

VOL 11: HANSEL Y GRETEL ¡Y MÁS!

SELECTED READINGS IN EASY SPANISH SERIES

VOL 1: TARZAN DE LOS MONOS y...

VOL 2: LOS VIAJES DE GULLIVER y...

VOL 3: DE LA TIERRA A LA LUNA y...

VOL 4: ROBINSON CRUSOE y...

VOL 5: VIAJE AL CENTRO DE LA TIERRA y...

VOL 6: CONAN EL BÁRBARO y...

VOL 7: EL RETRATO DE DORIAN GRAY y...

VOL 8: DR. JEKYLL AND MR. HYDE y...

VOL 9: LA ISLA MISTERIOSA y...

VOL 10: DRÁCULA y...

VOL 11: ROBIN HOOD

FUNNY TALES IN EASY SPANISH SERIES

VOL. 1: JAIMITO VA A LA ESCUELA

VOL. 2: EL HOSPITAL LOCO

VOL. 3: VACACIONES CON JAIMITO

VOL. 4: EL HOSPITAL LOCO 2

VOL. 5: RIENDO CON JAIMITO

VOL. 6: NUEVAS AVENTURAS DE JAIMITO

VOL. 7: JAIMITO REGRESA A CLASES

VOL. 8: JAIMITO Y EL TÍO RICO

VOL. 9: JAIMITO Y DRÁCULA

VOL. 10: JAIMITO Y MR. HYDE

**Ediciones
De La Parra**

Selected Readings in Easy Spanish is especially made for intermediate language students like you. Compiled, translated and edited by the Venezuelan bilingual journalist and literary author Alvaro Parra Pinto, editor of **Ediciones De La Parra.**

AMAZON AUTHOR PAGE:
http://amazon.com/author/alvaroparrapinto

CONTACT THE AUTHOR:
ineasyspanish@gmail.com

@ineasyspanish

PUBLISHED BY: EDICIONES DE LA PARRA
http://www.edicionesdelaparra.com

CPSIA information can be obtained
at www.ICGtesting.com
Printed in the USA
LVHW090725300620
659373LV00001BA/133

9 781502 997753